Sami et Julie
font des crêpes

Emmanuelle Massonaud

hachette
ÉDUCATION

Couverture : Mélissa Chalot
Maquette intérieure : Mélissa Chalot
Mise en pages : Typo-Virgule
Illustrations : Thérèse Bonté
Édition : Laurence Lesbre

ISBN : 978-2-01-701574-1
© Hachette Livre 2018.

Achevé d'imprimer en Octobre 2020 en Espagne par Unigraf
Dépôt légal : Janvier 2018 - Édition 10 - 39/5921/1

Les personnages de l'histoire

– Les enfants, demain c'est la
Chandeleur. Promis, juré : vous au-
rez des crêpes pour le dîner.
Sami et Julie se font un clin d'œil.
Ils ont une idée, mais c'est top
secret.
– Alors, cette année, vous
les voudrez salées ou sucrées,
vos crêpes ? demande Papa.
– Comme tu veux ! déclarent Sami
et Julie dans un grand sourire.
– Tiens, c'est curieux, s'étonne
Maman : j'aurais juré que vous
répondriez sucrées.

5

Le lendemain après-midi, c'est mercredi et il est temps que Sami et Julie mettent leur plan à exécution. Cette année, surprise, surprise : ce sont eux qui font les crêpes !

Julie attrape le grand livre de cuisine de Papa, celui auquel personne n'a le droit de toucher, et elle commence à chercher : *crêpes, crêpes...*

– J'ai trouvé, s'exclame-t-elle : « Pâte à crêpes super facile » !

– Tu crois qu'on va y arriver ? l'interroge Sami un peu anxieux.

– T'inquiète, réplique Julie.

– Je lis et, toi, tu sors ce que je te dis, ordonne Julie en prenant la direction des opérations.

– Tu crois qu'il y a

du rhum, ici ? demande Sami.

– Pas de rhum, explique Julie.

Le rhum, ce n'est pas pour les

enfants et il y a écrit « facultatif » ;

ça signifie : « pas obligatoire ».

Dans un grand saladier, Julie commence à verser la farine qu'elle a mesurée dans un verre doseur. Elle a l'habitude : elle a vu faire Papa. Casser les œufs… c'est déjà beaucoup plus compliqué !

– Laisse-moi les casser, dit Sami.

– Pas question ! répond-elle, tu n'y parviendras pas.

Mais, patatras, le quatrième œuf échappe à Julie et atterrit par terre !

– Zut ! Un de perdu, s'écrie Sami.

Pas pour tout le monde. Tobi a tôt fait de se précipiter. Miam !

– Maintenant, c'est moi qui tourne, décide Sami grimpé sur une chaise pour mieux dominer la situation.

– Si tu veux, lui concède Julie.

– Oh, là, là, c'est super dur !
C'est trop pâteux, râle Sami.

– Tourne plus fort ! dit Julie.
Je tiens le plat !

– Je n'y arrive pas ; tu vois bien que ça fait une grosse patouille !
Ce n'est plus de la pâte à crêpes : c'est de la pâte à modeler !

– Pas de panique, pas de panique, tente de se rassurer Julie.

Avec le lait, tout va s'arranger !

Et, pendant que Sami, toujours perché, commence à verser le lait, Julie tourne de toutes ses forces.

Le livre disait : « super facile »...

« Super facile » : mon œil !

C'est « super difficile » oui !

La pâte commence enfin à devenir plus liquide.

– Hourra ! s'écrie Julie, ça marche ! On a réussi !

Il ne reste plus qu'à ajouter de l'huile et du sel, et le tour sera joué.

– Hé, mais tu es fou, s'exclame Julie : ils ont écrit « 2 petites pincées de sel » pas toute la salière !

– Pas grave, répond Sami sûr de lui. Je n'en ai pas mis beaucoup !

Julie trouve malgré tout étranges ces milliers de petites boules qui flottent dans la pâte à crêpes... « Mais comment les faire disparaître ? » réfléchit-elle. Elle a beau tourner et retourner avec son fouet, rien à faire : elles réapparaissent sans cesse.

Et c'est précisément à ce moment-là que Papa arrive !

– SUR-PRISE ! s'exclament en chœur Sami et Julie. On a fait la pâte à crêpes !

Papa est ahuri ! Quel chantier ! Et son beau livre qui est tout taché ! Mais, devant tant d'efforts fournis par ses enfants chéris, Papa décide d'être beau joueur.

– Eh bien, les enfants, vous m'épatez ! Dire que vous avez fait tout ça, tout seuls ! Montrez-moi votre chef-d'œuvre.

– Votre pâte est superbe, tente de se convaincre Papa. Il y a bien quelques grumeaux... Mais je vais arranger ça !

Sami et Julie sont fiers de leur exploit. Cette pâte à crêpes est parfaite ! Ils se régalent par avance, mais il faut attendre un peu avant de les faire sauter, parce que la pâte doit toujours reposer.

– C'est Maman, qui va être épatée ! dit Papa, finalement ravi du travail de ses apprentis cuisiniers.

– Passons maintenant aux choses sérieuses ! reprend Papa. Il est temps de faire cuire ces crêpes ! Et le voici qui fait chauffer une poêle, qui met un peu d'huile (surtout pas trop)... et c'est parti !

– Je peux verser la pâte ? demande Julie.

– D'accord, mais attention : je ne veux pas que tu te brûles.

Papa fait cuire la crêpe d'un côté et, hop-là, il la fait sauter de l'autre côté ! Papa est vraiment champion du monde du lancer de crêpes !

– Papa, j'aimerais bien faire sauter
la crêpe comme toi ! Laisse-moi
le faire ! Une fois, rien qu'une
toute petite fois ! le supplie Sami.

Alors, ensemble, ils font sauter la crêpe. Elle s'envole haut, très haut… Trop haut ! Et elle atterrit pile sur le museau de Tobi !

– Ah, mais je vois qu'on s'amuse
bien dans cette cuisine, dit Maman
en rentrant. La Chandeleur
vous met en joie.

– Ma chérie, tes enfants ont
préparé ces crêpes tout seuls !
Tu peux les applaudir !

– J'applaudis, j'applaudis, mais
j'ai surtout une faim de loup.

– Maman, à toi l'honneur
de goûter la première crêpe !
annonce Sami.

– La deuxième, tu veux dire !
N'est-ce pas Tobi ! s'exclame Julie.

– Mmm, chest vraiment délichieux,
déclare Maman qui a du mal
à avaler sa bouchée. Chette crêpe
est… est… mmm… chalée !
Sami et Julie sont désespérés.
– Je te l'avais bien dit, s'écrie
Julie, il fallait mettre 2 petites
pincées de sel. P-E-T-I-T-E-S !
– Pardon ! bafouille Sami
tout penaud.
– Je vais rajouter un peu
de fromage, dit Papa.
Chouette alors !
Quelle Chandeleur inoubliable !

29

As-tu bien compris l'histoire ?

1 Quelle fête célèbrent Sami et Julie en cuisinant des crêpes ?

2 Qui mange l'œuf qui est tombé par terre ?

3 Connais-tu la recette de la pâte à crêpes ?

4 Pourquoi Maman a-t-elle du mal à avaler sa crêpe ?

5 Sais-tu ce qu'est un verre doseur ?

Et toi, qu'en penses-tu ?

As-tu déjà cuisiné tout seul ou avec un adulte ?

Sais-tu casser un œuf ?

Et toi, tu préfères les crêpes salées ou sucrées ?

Connais-tu le nom de la région où l'on adore cuisiner les crêpes ?

As-tu lu tous les Sami et Julie ?

Niveau 1
Début de CP

Niveau 2
Milieu de CP

Niveau 3
Fin de CP

Niveau CE1